hidato
ACTIVITY BOOK
FOR KIDS

CREATED BY WOGGY DOODLES DESIGN

INTRODUCTION TO HIDATO

Each Hidato puzzle starts with a grid partially
filled with numbers, two of which are circled:

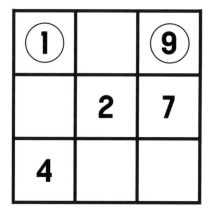

The goal is to finish filling the grid by creating a path of adjacent
consecutive numbers that lead from one circled number to the other:

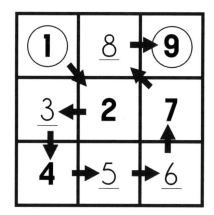

The path can be continued horizontally, vertically, or diagonally.

1

(1)		4
(9)	3	
8	7	6

2

7	8	(9)
	3	2
5		(1)

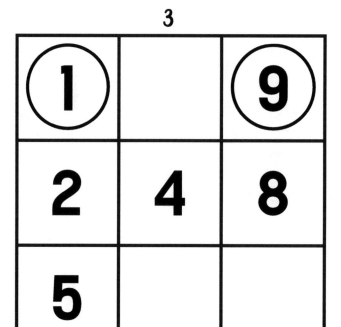

①		⑨
2	4	8
5		

	6	
2	4	8
	①	⑨

5

3	2	
(1)		
(9)	8	7

6

(9)	(1)	
	2	4
7		5

4		(9)
	2	8
(1)		7

6	7	
8	5	
(9)		(1)

9

	4	5
	(1)	6
(9)	8	

10

3		(9)
2		7
(1)	5	

6		⑨
		8
4	3	①

	4	3
6	①	
	8	⑨

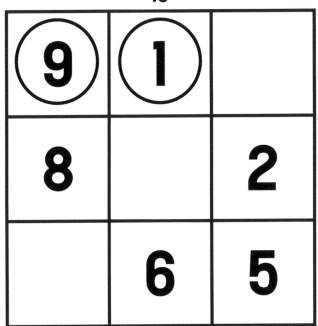

⑨	①	
8		2
	6	5

	4	
①	3	6
⑨		7

15

2	5	6	
(1)		4	8
	14	9	10
(16)	13	12	

16

10	11	12	
9	8	(1)	
7		2	15
	5	3	(16)

(16)	15	7	6
		4	5
13	9		(1)
12	11		2

7	8		10
	4		
	2	12	(16)
(1)	13	14	15

(16)	15	8	
14		5	
	10		4
11	12	(1)	3

12		14	(16)
	10	5	15
9		(1)	4
8		3	

21

		(16)	
(1)	4	12	14
5	8		13
7	6		10

22

	8	15	(16)
(1)	6	9	14
2			
3	4	12	

23

(16)			10
15	13		11
6	8	4	
7		(1)	3

24

3	2	(16)	14
4	(1)	13	15
		9	12
6		10	11

(16)	14		6
15		7	5
			4
9	10	3	(1)

12		4	(1)
13	11		5
		6	
15	(16)	9	7

	6	3	
(16)	4		(1)
		10	8
14	13	12	

8		15	(16)
(1)	7		
	2	11	
5		3	12

10	11	(1)	
	9		4
(16)	13		
14		6	7

10		(1)	
	2	8	
	12		5
(16)	14		4

	4		8
3		7	
(16)	2	13	11
		(1)	

(1)	3		8
2		4	
	13		
	14	15	(16)

33

	3	6	9	8
22	5	2	7	10
23	21	(1)		13
20		17	12	14
	18	(25)		15

34

17	16	15	4	
18		14	3	6
(25)		12		7
24	20	11	8	(1)
	22	21	10	9

	①		11	12
2	4	6	13	10
㉕	19		14	9
	20		8	15
23	22		17	16

3		10	9	12
①	4	8	11	
5		7		14
㉕		20		16
24	23	22	17	18

17	16	13	10	11
	15		12	
(25)		3	7	
24	20		4	6
23	22	21	(1)	5

	12	(25)	24	23
10	(1)	13		22
9		14	19	
8	3			
7	6	5	16	17

10		12	14	16
8	11		17	
7	5	18	19	(25)
	4	3		24
(1)		21	22	23

(25)	24	15		12
		14	10	
22	17		7	9
	18	5		
19	20		3	(1)

41

	10	(25)	—	23
8		11	22	
7		12		
	(1)	15	13	18
3		14		17

42

	14		2	(1)
(25)			4	5
24	17	12		
	20		11	
22		19	10	9

	(1)	8		10
4		7		
5	6	15		13
	16		(25)	24
18		21	22	

	12		10	(1)
14	24	25	2	9
		23		
17	19	22		4
18	20		5	

45

		15	16	
	(25)	23		18
	24		22	19
10		(1)	5	4
8	7			3

46

23			3	4
	21	19		
(25)		7	6	(1)
17	16			10
		13	11	

	15	14	13	
		(1)		10
	19	2	8	9
		7	3	
22		(25)		4

6		9		12
		4	10	
(1)	2			
24	22	20		15
(25)			19	18

49

21	20		15	
	18		14	12
	18	10	11	
24				3
(25)	7		(1)	

50

4		(1)		
5	3	8	11	12
				(25)
16		19	22	
	18	21		23

SOLUTIONS

1

(1)	2	4
(9)	3	5
8	7	6

2

7	8	(9)
6	3	2
5	4	(1)

3

(1)	3	(9)
2	4	8
5	6	7

4

5	6	7
2	4	8
3	(1)	(9)

5

3	2	5
(1)	4	6
(9)	8	7

6

(9)	(1)	3
8	2	4
7	6	5

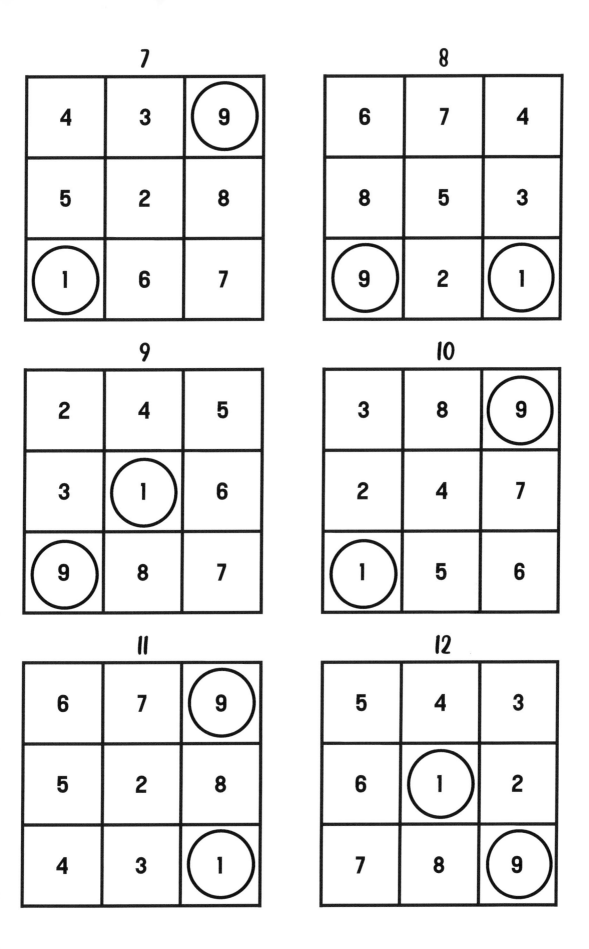

13

(9)	(1)	3
8	4	2
7	6	5

14

2	4	5
(1)	3	6
(9)	8	7

15

2	5	6	7
(1)	3	4	8
15	14	9	10
(16)	13	12	11

16

10	11	12	13
9	8	(1)	14
7	4	2	15
6	5	3	(16)

17

(16)	15	7	6
14	8	4	5
13	9	3	(1)
12	11	10	2

18

7	8	9	10
6	4	3	11
5	2	12	(16)
(1)	13	14	15

19

(16)	15	8	6
14	9	5	7
13	10	2	4
11	12	(1)	3

20

12	13	14	(16)
11	10	5	15
9	6	(1)	4
8	7	3	2

21

3	2	(16)	15
(1)	4	12	14
5	8	11	13
7	6	9	10

22

7	8	15	(16)
(1)	6	9	14
2	5	13	10
3	4	12	11

23

(16)	14	12	10
15	13	9	11
6	8	4	2
7	5	(1)	3

24

3	2	(16)	14
4	(1)	13	15
7	5	9	12
6	8	10	11

25

(16)	14	13	6
15	12	7	5
11	8	2	4
9	10	3	(1)

26

12	3	4	(1)
13	11	2	5
14	10	6	8
15	(16)	9	7

27

5	6	3	2
(16)	4	7	(1)
15	11	10	8
14	13	12	9

28

8	9	15	(16)
(1)	7	10	14
6	2	11	13
5	4	3	12

29

10	11	(1)	3
12	9	2	4
(16)	13	8	5
14	15	6	7

30

10	9	(1)	7
11	2	8	6
15	12	3	5
(16)	14	13	4

31

5	4	9	8
3	6	7	10
(16)	2	13	11
15	14	(1)	12

32

(1)	3	9	8
2	10	4	7
11	13	5	6
12	14	15	(16)

33

4	3	6	9	8
22	5	2	7	10
23	21	(1)	11	13
20	24	17	12	14
19	18	(25)	16	15

34

17	16	15	4	5
18	13	14	3	6
(25)	19	12	2	7
24	20	11	8	(1)
23	22	21	10	9

35

3	(1)	5	11	12
2	4	6	13	10
(25)	19	7	14	9
24	20	18	8	15
23	22	21	17	16

36

3	2	10	9	12
(1)	4	8	11	13
5	6	7	15	14
(25)	21	20	19	16
24	23	22	17	18

37

17	16	13	10	11
18	15	14	12	9
(25)	19	3	7	8
24	20	2	4	6
23	22	21	(1)	5

38

11	12	(25)	24	23
10	(1)	13	21	22
9	2	14	19	20
8	3	4	15	18
7	6	5	16	17

39

10	9	12	14	16
8	11	13	17	15
7	5	18	19	(25)
6	4	3	20	24
(1)	2	21	22	23

40

(25)	24	15	13	12
23	16	14	10	11
22	17	6	7	9
21	18	5	2	8
19	20	4	3	(1)

41

9	10	(25)	24	23
8	6	11	22	21
7	5	12	19	20
4	(1)	15	13	18
3	2	14	16	17

42

15	14	3	2	(1)
(25)	16	13	4	5
24	17	12	6	7
23	20	18	11	8
22	21	19	10	9

43

3	(1)	8	11	10
4	2	7	9	12
5	6	15	14	13
17	16	20	(25)	24
18	19	21	22	23

44

13	12	11	10	(1)
14	24	(25)	2	9
16	15	23	3	8
17	19	22	7	4
18	20	21	5	6

45

13	14	15	16	17
12	(25)	23	20	18
11	24	21	22	19
10	9	(1)	5	4
8	7	6	2	3

46

23	22	20	3	4
24	21	19	2	5
(25)	18	7	6	(1)
17	16	12	8	10
15	14	13	11	9

47

17	15	14	13	12
18	16	(1)	11	10
20	19	2	8	9
23	21	7	3	5
22	24	(25)	6	4

48

6	5	9	11	12
7	8	4	10	13
(1)	2	3	14	16
24	22	20	17	15
(25)	23	21	19	18

49

21	20	16	15	13
22	18	17	14	12
23	18	10	11	4
24	9	6	5	3
(25)	7	8	(1)	2

50

4	2	(1)	9	10
5	3	8	11	12
6	7	14	13	(25)
16	15	19	22	24
17	18	21	20	23

Made in United States
Orlando, FL
28 May 2024

47274567R00022